U0726157

唐亚琼诗选

唐亚琼◎著

长江出版传媒

长江文艺出版社

图书在版编目（CIP）数据

唐亚琼诗选/唐亚琼 著 .– 武汉：长江文艺出版
社，2018.8
　　ISBN 978—7—5702—0637—7

　　Ⅰ . ①唐… Ⅱ . ①唐… Ⅲ . 诗集 – 中国 – 当代
Ⅳ . ① I227
　　中国版本图书馆 CIP 数据核字（2018）第 191760 号

责任编辑：谈　骁　　　　　责任校对：陈　琪
封面设计：柳莲子　　　　　责任印制：丘　莉　王光兴

出版：长江出版传媒　长江文艺出版社
地址：武汉市雄楚大街 268 号　　邮编：430070
发行：长江文艺出版社
电话：027—87679360
http://www.cjlap.com
印刷：武汉市华东印务有限责任公司

开本：880 毫米 ×1230 毫米　1/32　印张：5.875　插页：2 页
版次：2018 年 8 月第 1 版　　　2018 年 8 月第 1 次印刷
行数：3380 行

定价：35.00 元

唐亚琼近影

◎◎唐亚琼，女，藏族，甘肃甘南人。

目　录

第一辑　野菊花低下了头

— 3 —

第五辑　春天的第一场雪

石缝中，一朵瘦弱的野菊花
让我一低再低，无限怜爱和感叹

野　花

寂静的山坡
风吹蓝色的野花

孤独的脚步慢下来
还有谁比我更在乎
这星星点点，略带忧伤
大地的遗言
将隐于霜降的草丛……

芦 苇

无数伸向天空的手臂
我羞于——与它们握别
顺着风
它们又深深弯下腰
相互致意，行礼

山野寂静，我心惶恐
有歌低吟：今生啊来世啊！随风摇摆

野菊花

石缝中，一朵瘦弱的野菊花
让我一低再低，无限怜爱和感叹

像碰到辍学的妹妹
言语太轻不足安慰，目光太深不能温暖

这漫游，带来些许伤害
顷刻，我失去了作为
一个人的骄傲与勇气

苏鲁花开

寂静的黄昏
我再次来到当周草原
细碎的黄花遍布青青的山坡
晚风中，那些矮小的身子不停摇晃
一朵、两朵……
当我坐在它们中间
花香加重内心的不安

香巴拉广场的梅花开了

1月10日，周五，晴。
风很小，太阳暖暖

香巴拉广场上的塑料梅花开了
一只蜜蜂在头顶徘徊

孤独的翅膀
仿佛从遥远的平安镇来

春风还在路上

尼欠河在黄昏里消融
一些往事汇聚成冰凉的河水
一些时日干枯如山上的白桦皮
人们在房檐下默默收拾农具
一些孩子在田野里出生
房顶的干草堆里
我醒来又睡去又醒来睡去
做的梦跟去年像又不一样

春天就要来了

天空晴朗无比
一个男人从空旷的院子间走过
他鬈曲的头发留了下来
他忧郁的眼神留了下来
春天就要来了
一封字迹简单的回信
将独自面对青草遍地的远方

那年的雨

雨又来了
下了两天三夜
和那年的一样

我在窗前站着
抱着颤抖的双肩
冰冷的小腹

那些雨泡泡
一地的雨泡泡
我还没有看清楚
它们就散了

傍晚来临

一只被割掉尾巴的狗
低着头顺着墙根走来
经过我身边时
它停了下来
那眼神多么熟悉

这么多年
我也夹起尾巴
一个人过马路
没有人回头看过我
也从没有人停下来等等我

雨　滴

对面山坡上有两个人手拉着手走下来
突然一个响雷
他们紧紧抱在一起
我在窗帘背后忽然有些羞涩

远处山头上乌云慢慢堆过来
天空更沉暗
雷声比以前更响亮
突然一大滴雨落在面前的玻璃窗上
让我惊慌又无处躲藏

尕海湖边

阳光浓烈，湖水寂静

卖酸奶的扎西草比去年丰满了许多

比以前害羞了许多

她总是别过头去

假装去看草丛中跳来跳去的旱獭

风把她的红头巾高高吹起

把我不认识她时的时光吹起

把去年的倒影吹起

把我的孤独也吹起

人们说我走失多年的母亲就在这湖里

她有巨大的翅膀和长长的尾巴

她不开口也不说话

哭声划破漆黑的夜

当我转身，湖面平静

湖里的黑颈鹤早已无踪影

黄昏在当周沟

黄昏的当周沟静悄悄的
去年我遇见的那群绵羊已不知去向
它们的足印深深
像一段遗言留在大地上
苏鲁花已经败了
枯萎的叶子像一滴眼泪挂在枝干上
多么寂静啊！
这么多年一直都是这样
山梁上的那个人
也许会听我说说去年没说完的那半截话
也许对这空无一人的山谷
充满深深的同情
山上的神
肯定在不远处
像我父亲那样看着我
紧皱着眉头

黑措城

扎西阿哥是黑措城的
酥油奶子是黑措城的

空无一人的香巴拉广场是黑措城的
崭新的牛皮靴子是黑措城的

缺氧的肺叶与肿胀的食指是黑措城的
给过彼此的眼泪与疼痛是黑措城的

耗尽的激情与失望是黑措城的
风中的伤口与疲倦是黑措城的

露水一样冰凉草丛一样茂盛的寂寞是黑措城的
留下和离开，活着和死去都是黑措城的

秋天的黄昏

黄昏又来临
我依旧站在窗前

山上的草慢慢变黄
牛羊的蹄迹远去

这是一生中最艰难的日子
比秋风刺骨比寂寞伤人

一生这样长
只剩下这样一个秋天冰冷的黄昏

我已经想了很多个时辰
是不是再咬咬牙
就能挨过这秋霜的冰冷

一个人走在当周街上

天一下就黑了
当周街如此安静

沉默的人们裹紧身子
加快脚步，把黑夜甩给我

我尽力不去想那些疼到牙根的事情
可是一个人走路是多么伤感

前面是长长的冰冷的夜晚
后面是黑黑的空空的当周街

你有没有在这样一个深冬之夜
一个人走在路上

谁都不认识
谁也不能安抚你的孤独

风吹着垂下来的双手
让人总忍不住要伸手去抓

在杨柳青诊所

外面，雪还没有消融
嗓子继续在肿大

他坐在我对面大声地哭
绝望又委屈

经过的人摸摸他的头
液体静静地走着

他呆呆地望着外面灰色的天
轻轻地抽泣

我在墙角
一个人，一瓶液体

这几年，我只有一瓶孤独的药水
抚慰过我的人们再也没有回来

外面，天阴得很沉
红肿的牙龈还没有消散

胸口的憋闷
让我很想很想像他一样扯开嗓子

头顶冰凉的液体还在走
像一个人的眼泪一滴又一滴

下雪天遇见一个孕妇

天上飘着细细的雪花
路上走着一个孕妇
雪落到她的帽子上
落到她肥大的袖子上

她独自向前走去
像我母亲年轻时候一样
以前我妈妈也一个人走在下雪天的街上

雪越来越大
行人越来越少
只有我一个人跟在她身后
比她走得还慢还吃力

我走在她后面
只是想看看妈妈肚子里那个可爱的小孩

春天的操场

空旷的操场
草还没有长出来

天空没有一朵云彩
背阴处有一层薄薄的积雪

一个年轻的男人
一圈一圈地绕着操场走

他低着头
双手插在裤兜里

阳光多么好
洒满他全身

多么好
一个人走在空旷的操场上

操场上空无一人
大片的阳光落在四月的大地上

头顶的云彩缓缓地飘
身边的风轻轻地吹

一圈一圈地走着
即使没人说一句话也不会悲伤

秋 霜

秋霜落下来
覆在母亲的小腹上
母亲冰凉的子宫就在夜里独自醒来
独自种下星星小溪菊花与山羊

现在，苏鲁花已经败了
野草覆盖了尕海湖面
深深的霜里
我等待夜晚再次降临
昨夜，我种下的父亲
不在湖边就在附近的山梁上

九　月

九月多雨，草根冰凉
风中的当周草原上
一个女人把头深深埋在黑色牦牛身下

她的骨头被露水打湿
她的十指有深深的倦意
她的腰间落着薄雪与矢车菊
她的眼睛里大雾还未退去

乘着夕阳未尽
她要把热乎乎的牛奶
送到黑措镇去
使失眠者、梦游者、浪荡者、丢魂者
度过多雨的九月

唐某某

头发越来越少

有鼻炎胃炎胆囊炎肩周炎乳腺炎

甲状旁腺功能减退症腰椎骨质增生

习惯了被风吹的唐某某

想桃花想春风

想碰个好天气

想在大雪之前把诗集出了

把母亲多年的老病治好的唐某某

怀里有刀

喉咙里有刺

不会蒸馒头

拿着可怜稿费

一边喂奶一边写诗的唐某某

单薄的唐某某

疑惑的唐某某

独一无二的唐某某

只用一种方式爱的唐某某

只会写诗的唐某某

只有甘肃省的唐某某

只有甘肃省甘南藏族自治州的唐某某

只有甘肃省甘南州黑措镇才有的唐某某

娥嫚湖

十月的午后
突然想起了娥嫚湖
人们在湖边将一块块木头锯开
松木的清香
在雨后的湖面散开
人们的双手沾满木屑
那些爱细小
落在我们周围

我们绕着湖走
湖面映出我们的来路
荞麦花在湖边开
红桦在离我们不远的山上
父亲走进了这片林子
今天，我们还是无法相见
山上的积雪
这一生也不会流到这湖里面

雨落在玻璃上

当我站在窗前
外面潮湿的街道上
车子来来往往
它们带着一些人孤独地驶向远方

我不想跟谁回去
从早晨下雨的时候起
我就一直这样想
并不断告诉自己

雨落在玻璃上
模糊了视线
我站着
无能为力
一辆辆车子从眼前经过、远去
再也不回来了

炉火已经熄灭

炉火已经熄灭
灰烬中火星紧闭着双眼
窗外，三月雪冰凉地落下来
行人已远走
即将翻过尕玛梁
开满枇杷花的尕玛梁
心扉一样紧闭
不回头也不转身
雪打着枇杷花
打着那个人的肩膀
打着越来越远的路途
忠格草还在不断往炉子里添牛粪
雪花扑棱扑棱落在了她的眼睛里

金露梅开满河两岸

那条河流奔腾不息
经过扎西草酸困的腰
经过云毛草六月泉水一样冰凉的小腹
经过大夏河、洮河、黄河、白龙江
经过桑科、阿万仓、麦仁
当周草原青青草丛
它一路跟随我们哺育我们
直到两岸开满金露梅
直到我们再也无法开花结果

而九月温暖的子宫
大地深处的种子
她们此刻也做好了准备

迭部民歌

那个男人一早晨在那里
像一场大雨落下来
悲伤不断敲打着肺叶和心血管
大量的液体越来越稠密地
堆积在舌根和眼睑处

人们安静地喝着奶茶
河边种满了大豆和青稞
林子里潮湿的苔藓上
野鸡留下温软的羽毛
风吹着拉毛的衣襟
春天一夜之间就来了

当我转过身
他还在那里
和那遥远的故乡
从窗帘后面走了出来
他的低音他的小胡子鬈曲的头发
满山的红桦
红桦下的野草莓
荆棘丛中的野兔
让我感到万分孤独

三月雪

三月雪轻轻地落了下来
还是和去年的一样细一样碎

洮河沿岸树木还在沉睡
鸟雀还在山林徘徊

人们还穿着去年的衣服
走在冰凉的路上

那个人什么也不说
向羊群里撒了一把干草

又回到炕上
静静喝奶茶

院子里，云措的胸口依然胀痛
雪不会轻易停下来

一片一片的雪花
堆满肋骨、心肺

每一片都是昨天结下的果
每一片都是一场长久的病

纸上的村庄

坡上，野桃花已经开了
地里，麦苗高出了脚面
我端着酒杯
不知先从哪一个开始

甘　南

甘南甘南
就是甘肃南部的一片草原
草原上的一顶帐篷
帐篷上的一只苍鹰
仰望天空以及遥远

有很多草长上来
绿成桑科、扎西滩……
有信念不倒
坐成拉卜楞、禅定寺……
有无数花朵迷途
秋风吹过才能显现
有无尽向往深情
经幡飘动
才会听见
还有那么多善良的人儿啊
随处可见

甘南甘南
暗藏无限幻想的草原
草原上的一朵格桑
格桑丛中的阿妈
勤劳的蜜汁常润湿生活的眼眶

玛曲的黄昏

风吹薄云风吹外香寺金黄的屋顶
风吹一条通往天堂的路

万道金光之下
时光倒流，波光粼粼

王子即将翻越雪山
心中的白马闭上双眼

为何这样遥远
那样空旷

如果也有人在这里为我停留
我将为他献上玛曲的黄昏

还有谁没走

花花雀走了鹁子走了
胡麻走了青稞走了
山丹花走了桃花走了
茄子走了辣椒走了
瓜棚走了牛圈走了狗窝走了
猪走了羊走了鸡走了
碗走了碟子走了
先人的坟走了
坟地里的酸刺走了
云彩走了雨走了
春天走了梦走了
眼泪走了悲伤走了

还有谁没走？
我胸腔里那颗急着要回家的心
咚咚、咚咚

秋　天

秋天，多么令人失望
雨下着
越来越急
越来越多的人在雨里不知去向

二爷、三爷、大姑夫、四阿婆
满生大、引军爸、林吉媳妇
五斤家的牛、老鹏家的猪、四娃家的鸡

从村头到村尾
亲人邻居发小
不治之症的、遭遇车祸的、迷路的
八十二的、六十三的
三十四的、十七八的
一个个像雨滴落进干涸的大地

这些年，只要一到秋天
只要下一场大雨
就有人东一滴西一滴洒在
东子坡的草滩里

冶 海

他们之中必有识我者
其中一人冷峻的脸庞
如水面掠过的风
倏忽淡出视线，令人惊觉

他于船头，凌乱的头发，飞扬的衣袂
不同于另一个
在灰色天际与茫茫水域间
使我幻想了海神

冰冷的水拍打裸露的岩石
我未能辨别
泥泽尽头的广阔草原
让骑马的人奔向峡谷深处

寂静的岸边，水鸟匿迹。
没有什么再能引起我的注意
短暂的邂逅与旅途
即是我经历过的冶海

寻人启事

王晓明，小名明明，男，属猪，
一米三，大眼睛，双眼皮
穿白色夹克衫、蓝裤子
绿纱村王二爷的大孙子，我的亲表弟
离家出走二十又二年
两岁父母离异
八岁之后跟随母亲生活
喜欢一个人发呆，傻笑，
吃纽扣，剪裤腿
曾经独自一人到过石旗崖
术布桥和合作市

2002年正月初三
家家喜气洋洋过大年
一夜鹅毛大雪之后
他像雪花一样消失得干干净净
下落不明

前几年有人说在省城的一家小饭馆见过他
他的个子没有见长
给人家洗碗
双手整天泡在冰冷的水里
肉不是肉皮不是皮

此后，我也去过几次兰州
在又小又偏僻的馆子里吃饭
我每去一次换一条街
兰州真大
小饭馆真多
酿皮子、馄饨、麻辣烫吃得
我嘴角的泡一串连一串

过路的人们
你们有谁看见过他
倘若他已到阴曹地府
各位小鬼爷爷
让他给他妈托个梦吧
他妈的眼睛哭瞎了
他家的三间瓦房也塌了
他家的二亩地荒得连死人都不愿待啊

满 菊

她是超生多出来的
刚一落地就送了人
没过几年又被送了回来

她没有像样的名字
她爸叫她烂女子
两个姐姐叫她抱疙瘩

她没有自己的衣服
二姐的衣服与膝盖一样长
像裙子一样
遮住两条腿

她和小鸡说话和小猫做游戏
和小狗一起吃饭
小狗一口她一口

家里来了人
她就自己钻进黑黑的柜子里
不敢害怕不敢说饿

她喊了几天疼
二姐说她偷懒

她挣扎着上山去放牛

人们在沟底发现她的时候
她的手心捏着四颗红红的野草莓
像血一样鲜红的野草莓

二爷的病

二婆说二爷心口子疼
想吃西红柿
还想吃鸡蛋韭菜饼
过了两天又说想喝大水泉的水

回县城前
我又去看了回二爷
整个人瘦得只剩个骨架了
他挣扎着坐起来
跟我说他想吃城里的卤肉

半个月后
恩义叔打来电话说二爷走了
我握着电话半天说不出话来
卤肉还在馆子里的卤汤里

王小花的乳房

昨天医生告诉王小花
要想保命就得切掉一只乳房
王小花紧紧抱住两只乳房
仿佛有人要抢了她的宝贝一样

她爸一辈子都没在村里人面前
直起过的腰需要她的乳房
她妈长满狗尾巴开满山丹花
的半个肺需要她的乳房
她外婆弥布大雾的双眼需要她的乳房
她姨妈半生都在原地转圈
的腿需要她的乳房
她弟弟书包里的春天，春天
里的桃花需要她的乳房
圈里的鸡圈里的猪圈里的狗和牛羊
柜底的麦子胡麻大豆洋芋
山上十年九旱的三分薄地
需要她的乳房

有人见过王小花的乳房
又小又黑的乳房
孤独地躺在出租屋里的床板上

姓唐的村子没了

坡上，野桃花已经开了
地里，麦苗高出了脚面
我端着酒杯
不知先从哪一个开始

现在，已经没有一个姓唐的村子了
东子坡、老虎湾、大水泉
二婶、三娘、瘸腿铁匠
杏花、桃花、大丽花
青稞、大豆、胡麻
鸡鸣狗吠羊咩
小花、狗代、初恋、童年
被秋风吹到遥远的地方

每年，我能够回来的地方
只有荒野里这几堆长满野草的坟
坟里头的几把老骨头

后　面

她一生都在别人后面
夕阳后面
牛羊后面
霜冻后面
桃花后面
杏子后面
吃饭在门后面
流泪在柱子后面
等他在灯盏后面

这一次，她走在了前面
没有人再能超过她
她走在队伍的最前面
在唢呐的前面
哀乐的前面
灵幡的前面
送葬的人群前面
棺材的前面

她在儿子的怀里
露出了胜利的微笑

亲爱的姑娘

她的睫毛比我的长比我的黑
她的嘴巴比我的小比我的红
她的手掌比我的热比我的软
她的梦比我的香比我的甜

睡前书

我看书
看到别人和她的孩子一起吃牛肉面
他的妈妈给他剥板栗
他们走在阳光明媚的大街上
脸上洋溢着幸福的光

这是我最喜欢的一本书
白天背在包里
晚上放在枕旁
可是每次我都会绕过那里
每次都会有小小的难过和忧伤

我喜欢她咯咯笑

她在床上打滚
咯咯咯地笑
我收拾东西
几遍都没整理好

天已经很黑了
她光着脚丫
在被子上跑来跑去
咯咯咯地笑

我把东西装好
又倒出来
她还是咯咯咯地笑

打电话

每次打电话
电话还没接通我的心就狂跳不止
就像恋爱时候
手心冒出细水珠

我叫你的名字
你有时候答应
有时候不
你答应的时候
我高兴得睡不着
你不出声什么都不说的时候
我把床板压塌也睡不着

你不在的时候

你不在的时候
我喜欢去广场坐
迎春花开了
孩子们放风筝
广场上一朵一朵黄蝴蝶白蝴蝶飞

一整天
我哪也不去
定定坐着
手里的书一页都没有翻
我看着她们
一会儿跑近又跑远

我的爱来得比你早

在你还未到来的时候
它们就在那里
流水一样缓缓
穿过冰层
枯败的草丛、丑陋的人间

没有问候
没有诗歌
没有拐杖
那些爱独自走在路上
唯一的一条路上
带来漩涡、雷声和潮湿的柴火
现在，我把它们一一留下

当你诞生在明天
我们的命运将一样

淋　雨

她们手挽着手又说又笑
亲热地靠在一起
像一只鸟雀在一棵大树旁

而我已经老了
不会再那么走运
徒劳的双手低垂在阴冷的风中

她们紧紧挤在伞下
如我想象中那样
充满矢车菊与龙胆花的味道

我在马路边上
想着雨再大些
把脸淋得更湿一些

你是什么时候来的

你是什么时候来的
我竟然一点都不知道

你的床还没定做
你的小花衣还没裁剪

我现在还像个小姑娘经常哭鼻子
躲在门后面等你的父亲来找

你是什么时候来的
我真的一点都不知道

你敲门的时候
我可能正和你的父亲在河边散步

也可能我正在读一本有趣的书
抑或你的父亲正走在回家的路上

你的父亲是个善良的人
我看见他哭过

在你到来的时候

清澈的泪水涌上他的眼眶

你是什么时候来的
他一点都不知道

我们一定会见面的

我们一定会见面的
在桃花刚刚开放的早晨

在青草柔软的七月
也可能在一个漫天飞雪的黄昏

我练习呼吸
小心翼翼走路

轻柔地跟人打招呼
看书读报写东西

爱花惜草
听小夜曲陶冶情操

我喜欢你的小房间
湛蓝的天空在窗户外面

粉色的窗帘一直垂向地板
床头含苞的百合散发淡淡清香

你什么时候来

我看见你的父亲脸上长出了胡须

他一直在等你
比我还紧张

你就那样来了

多么令人欣喜的一天
八月的苹果刚刚成熟

我和你的父亲在郊外的田地里
雨珠落在新翻的泥土上

我又爱上了三叶草和野燕麦
昨天的创伤我也已忘记

收获的消息不断传来
我不再需要别的

你就那样来了
为我的脸庞挂满幸福的泪滴

今天，她没有理我

下雪了，很小的雪片
地上薄薄的一层

我小心地穿过院子
去告诉他们一些即将要办的事情

她还好吗
外面太寒冷了

早晨我穿了两件毛衣
穿了雪地靴

从家里走到单位
再从办公室来到食堂

从食堂到卫生间
没有一点她的消息

我稍微加重了脚步
她静悄悄的

我大声咳嗽
她静悄悄的

我放上舒缓的钢琴曲
她依然没有声响

我慢慢地用手抚摸腹部
她还是没有回应我

我在院子里走来走去
她们说我看上去快要哭了

当你要来的时候

当你要来的时候
我一刻也没有忘记那个人

她还在山上的田地里
风吹着她灰白的头发

像秋雨中一株快要倒下去的麦穗
孤独地佝偻着腰身

她曾经有温暖的子宫饱满的乳房
明亮的眼睛漆黑的发辫

如今她只剩下漏风的嘴巴变形的关节
干瘪的胸脯陈旧的身体

此刻，当你要来
她挣扎着从山上慢慢走下来

她的前半生只有我
现在，她的后半生多了一个你

请你一定珍惜
一定爱她像爱我一样

秋天就要来了

远处的雷声不断传来
我一个人在屋子里心酸难忍

秋天就要来了
我的孩子还那么小

风不停地刮雨不停地下
她还不会穿衣不会说话

她的脚那么小
大门口都走不到

细小的风不断从窗户进来
我的孩子像片未展开的叶子

紧紧贴在我怀里
皱着小小的眉头

山上庄稼还未成熟
柴火还在林子里

我的肩膀多么单薄
我的屋子那么简陋

把我装上

把香皂、洗衣液、擦脸油、线衣装上
把水杯、椅子、被子装上
把锅把碗把勺子把盆子装上
把积木、芭比娃娃、小火车装上
把苹果、土豆、番茄、樱桃装上
把晴朗的天气装上
把刚刚发芽的小草装上
把屋檐下飞来飞去的燕子装上
把温暖的火炉装上
把明亮的灯笼装上
把黄昏的当周街装上
把走过当周街的小猫装上
把麦朵蛋糕装上
把晚来的春风装上
把迟开的迎春花装上
把早晨的薄雾装上
把一对饱满的乳房装上
把一个头发稀少身材矮小的女人装上

还有三天她就要走了

亲爱的姑娘

让我发烧到40度
让我呼吸不畅
让我呕吐三日
让我全身疼痛
让我彻夜无眠
让我没有食欲

把没有感染的肺给你
把没有发炎的喉咙给你
把清醒平静的大脑给你
把香甜的乳汁给你

如果可以
让我少活十岁
哦，我亲爱的姑娘

不治之症

今天，又有一个人离开了
太阳暗暗的
我在院子里站了很久
我不知道该不该告诉你它一直在
它像一块黑黑的岩石在我身体里盘踞
固执坚硬谁也搬不动

我的身体里
早已没有花香没有阳光
没有飞舞的蝴蝶
日复一日
像一截腐烂的树桩

我不知道我还能撑多久
我也不知道该怎么跟你说
死，就是阳台上的铁树开花了
就是不小心走到了岔路上
就是窖里的苹果坏了
就是很想很想一个人

最近我很难过

最近我很难过
难过的时候我就去阳台
看操场上跳舞的孩子们
他们在青草中散发出耀眼的光

站久了
我的腰又开始疼了
回到屋里
我又坐在桌前
数瓜子
白瓜子黑瓜子大板瓜子南瓜子麻瓜子
我开始后悔
当初，为什么要把你一个人留下

最近，天气不好
雨夹雪好几天
接下来的日子
我不知道该怎么办

她

她的睫毛比我的长比我的黑
她的嘴巴比我的小比我的红
她的手掌比我的热比我的软
她的梦比我的香比我的甜
她长得也比我快
一会儿青草一会儿牡丹
我常常被这突如其来的雨滴砸伤
它们带来的小谣曲
给人惊喜与忧伤

涌出的泪水是徒劳的
我再也跟不上
悄悄地在她走过坐过睡过的地方
站一站看一看

你爱着我的时候也爱着他

我一直爱着你
而你爱着我的时候也爱着他
我没有感到疼痛
也没有后悔落泪
当我想到
一个男人长久地使我们分离
使你迈着肿胀的双腿
像只企鹅笨重地走过人群
在黎明还未来到之前
让你经历我经历的疼与痛
我的后悔砸疼了胸膛
我的疼痛冲出了眼眶
我甚至想从怀中
抽出藏了多年的小刀

病

糜烂的阑尾和爱你的勇气
一起被掏走
冰凉的药水
从血管走遍全身
仿佛你给我一万个拥抱

心　愿

我要种下一粒种子
看它像我和你手牵手
身体里有一万个春天
喊叫着跑出来

我要像一粒种子
慢慢和你开花，结果
比脚步更低
比心愿更小
点点浓荫铺伏大地

眼　泪

我在想, 你在我身边时
流下那么多眼泪
是爱多还是恨多

这个中午的安静
就像我离开你之后
思念再次流下泪水的滋味

而这次, 我彻底醒悟
我们的爱情, 只有我们知道
该不该流下那么多眼泪

我想好了

我一边喝酒，一边写诗
随心所欲地想念你
像虎头山上的雪
慢慢堆积起来

一毛梁的风越吹越远
我想好了，就这样静静
把你放下
一遍遍默无声息
慢慢蓄满你的眼眶

野草莓

野草莓红成一片在路两旁
他没跟我说一句话
也没有打听我是哪个寨子的姑娘
他的掌心握着我采摘的草莓
又酸又甜的野草莓
他的脸庞黝黑、头发鬈曲
我在坡上站着
像一颗野草莓害羞得一句话都说不出来

给某人

今天天气多好
我想在某个地方
和你静静地坐上一会儿
泡上一壶清茶
嗑嗑瓜子打打牌
或者说说自己
眼泪流下来
谁也不笑话谁
我们喝茶看天
不讲道理不谈人生
不想离别不说再见
活着的日子是这么短暂
内心的痛让它慢慢地流出来

羊不会想你

昨天没有想你
今天没有想你
夜里那些羊也没有想你
它们不怕黑
一只跟着一只
寂静的草地
吃草，喝水，睡觉，做梦
眼角沾着小小的泪珠

爱　情

夕阳照到阳台
几盆植物中幸福树最明亮
沙发上落着淡淡的阳光
客厅里坐着的男人
翻完报纸又换了几个频道
春天是最好的季节
他等待天黑
星星一般的孩子落在我的肚子里

我不爱

我不爱吃剩饭不爱吃肥肉

不爱下雨打雷天黑时你不在身边

不爱打你电话暂时无法接通

不爱只能发短信给你

不爱在人群中假装若无其事地走过

不爱你说等等、明天、

有空、下次、抱歉

不爱这里的春天来得太迟

花开得少败得快

不爱此时你把我一个人留下

孤寂地写下这么多的不爱

我不爱，真的不爱

山 上

探春刚刚打开

不知名的鸟和野鸡在叫

绵羊们低头吃草

轻的风在身后吹

寂静的太阳慢慢照到头顶

我们并排坐下来

说一些琐事

说到生老病死

说到下次再回到这里

他把衣服轻轻地披在了我身上

9月4日，冶力关，雨夜

淅沥的雨声带来湿热的夜晚
一匹小鹿纷乱的蹄迹由浅至深

你还不知道，我已不由来到
内心轻微的震颤，不能收回

美好只是一时，真正的秋天还在之后
之后更多更稠密的雨中

当我们从雨中回来，从雨中离开
就再也不需要记住这一日这一夜的短暂

思　念

这样的天气适合思念一个人
一个从未谋面不知名姓的人
不是远方的你不是一尺之间的你

这个人心里也有一个想念的人
他低下头走路
其实在思念我

思念像雨是一场大雨
是一地雨泡泡
一个接一个
怎么也踩不破

黄　昏

太阳淡淡的
漫过院子里刚刚开放的樱桃花
漫过路边小孩脚尖的鸡毛毽
风在我们中间飘荡
路上走着这样那样的人
似曾相识又擦肩而过

我们一句话也没有说
慢慢走着
他陪着我我陪着他
一直到夕阳落尽
一直到回家

微风吹

这会儿正好
太阳刚刚照到指尖上
矢车菊开在两旁
满路都是你的芳香
最好的时光已经来到了我们身旁
我不再担心明天沉默如月光
也不悲哀我们面前的黄昏又深又远又长

我们一起走在田野上
风吹起你的头发我的裙角
吹起心中的波浪
两只小兔子
静静听着波浪一下又一下拍打着对方

等我回来

我们就开始新的生活
一方青菜一畦小葱
一缕清风一片蓝天
九月菊和八瓣梅盛开在院门外
午后的阳光里
糖果像一只刚刚学会飞舞的蝴蝶
缠绕膝前
你手握一杯清茶在杏树下
神情凝重望向远方
我依靠你的后背
双手轻轻搭在你肩上
像一幅油画一样

亲爱的，一定要等我回来
粗茶淡饭麻布衣衫
哪怕就这么简单

病

那些带着酒精味
被麻醉剂麻醉
从我舌根下摇摇晃晃
走出来
是我一直想说给你的秘密
它们不愿错失良机的可爱姿态
是为了遇见你

糜烂的阑尾和爱你的勇气
一起被掏走
冰凉的药水
从血管走遍全身
仿佛你给我一万个拥抱
我愿意，发烧到38.8摄氏度
在昏迷中
乘机说出：我爱你

我要把这些病痛全都留下
把爱情的病毒传染给你
让它们渗透你的全身
侵蚀你的心房

我要一直病下去
让你住在我的病里

黄涧子，一条小径

我知道，你不敢跟我走下去
哪怕只是一条林中小路

泥泞、潮湿的小路
我已不止一次走过

腐烂的草叶、倒在路中央的枯树
进退不能的选择

是的，不能再回去了
这条路，到哪里都一样

我们两个，无法走这条路的人
也不能像红桦下的蘑菇

紧紧挨在一起
给人们惊喜

从过去到现在，我一直都在走路
今天，最大的可能还是一个人把这条路走完

过马路

黄昏的时候
我异常孤单

十字路口和滚滚车流
比人生中任何事都重要

靠近离自己最近的一个人
抓紧他的右臂穿过车流和人群

这个人有细长的身子瘦削的肩膀
不知道他从哪里来

每次我很久回不过神
每次差那么一点把他当成你

每次一辆辆车再次从面前经过
我都会很沮丧

为什么这么多年
你不带我过马路不敢在马路中间停下来

与一个人在黄昏对坐

窗外，秋雨渐停
与一个人在黄昏对坐
隔着一杯碧螺春
一盘开心果
手心的潮湿有些冰凉
唇边的话语慢慢失去次序

一段未知的路途
将徐徐展开：
一座长有樱桃的小院
安静的午后或颠簸的春天
降于门前的薄霜
怀疑的白雪
甚至短暂的落日、虚幻的梦境……

疲倦是必需的
孤独是应有的
回来的路是泥泞的……

黄　昏

屋子里又剩下我们两个
天色已接近黄昏

海棠细碎的小红花落在窗台上
仙人掌该浇水了吧

在窗前站得久了
他说的什么我听不清

我甚至看不清自己
更不知说什么好

我是个离婚女人
他是有妇之夫

隔着一张桌子
一个黄昏

我这样仅仅是为了在他身边站站
看看越来越近的黄昏

说　话

这个早晨多好
只和你一个人说话

用鸟儿的声音
露珠的词语
春天的眼神
雨水的声调

说相见欢说离别苦
说往前走还是就地不动
说着说着就咬疼了你的耳朵
说着说着就淋湿了你的眼窝

这么多的话呀
那么多的蝴蝶
扇动翅膀飞向远方
我再也追不上

他还没有回来

天空慢慢暗下来
内心的雷声隐隐传来
他还没有回来
我不想知道也不想打听

我的手一遍遍从桌沿擦过
我的身体替他坐在椅子里
我的眼睛洗净茶杯关了电脑
我的心跟着脚步出了门来到雨中

雨落在地面落在树梢
我跟着轻轻摇摆
他来不来不要紧
反正雨已经下过了

像他一样

我要在这里等你
我要像遇见他一样遇见你
在黄昏的微风中
一扇明亮的窗户前

我要你像他一样
爱我的时候
离我很远
心疼我的时候一言不发

我要你像他一样
不要只爱我一个人
不要因我迷惘忧伤
不要爱我太久

我要你像他一样
离别的时候头也不回
把眼泪放在酒杯里
把伤心咽在肚子里

我要你像他一样
再见时像路人

转身时思念已深

来吧
像他一样
像把刀一样戳在我的心上

6月28日下午，大雨

秋天还远
雨水缠绵

我们慢慢说话
像坐在对面

东一句西一句
有一句没一句

雨在外面茶在桌上
你在南方我在北方

你对面的山上升起了白雾
我眼前的花园松树正绿

黄昏慢慢来临雨还没有停
我们就这样坐着

说说话看看外面
想想远方听听内心

令人惆怅的雨呀

你要种瓜我想发芽

过不了多久
这场雨会把我们淹没吧

伤　疤

和一个人在黄昏中道别
然后穿过广场

头顶的云彩一直在天上
那个人一直在我身上

像块伤疤
紧紧贴在我胸前

天阴的时候有些痒
一个人的时候像根针

我一直半疼半醒
可怜它又痛恨它

今天和它道别
不说珍重不说再见

怀　抱

黄昏快要来临的时候
我一个人在屋子里

他还没有回来
时间一直不走

从天明到夜晚
我拥有无数个伸长双臂的怀抱

那些怀抱
来的时候空着
走的时候空着

让我一遍遍擦拭
那黄昏快要到来的时候

院子里的男人

黄昏的时候
我站在窗帘背后

风吹动窗帘的时候
从院子那边走来一个男人

阳光明亮地洒在他肩上
风把窗帘一下全吹开

我想请他把我抱下楼
放在院子里的草地上

在他温热的肩上
伏上一小会儿

夜晚就要来临

夜晚就要来临
一个小个子女人
依旧沿着公路前行

她低头走路
想着遥不可及的事情
那一点点身影很快被夜色吞噬

她甩不开那些缠身多年的孤独
唯一能做的就是在夜晚快要来临的时候
去看看远处山坡上就要盛开的油菜花

又到黄昏

又到了黄昏
屋子里还是我们两个

他在桌子对面
那遥远的地方

他翻看一份报纸
像回到家后的丈夫

他以前不抽烟
也没有发福的肚皮沉默的眼神

他不曾许下任何诺言
我也不是他心爱的姑娘

现在又到黄昏了
他马上要回去了

秋天就要来临

秋天就要来临
树叶很快要泛黄

我一日一日爱着的男人
要去一个叫平安的小镇

他要带走我全部的爱
随那疾驶的列车

路途多么漫长
一地风霜

车窗外，我像一片叶子那么轻
被风吹了又吹

路　过

我们经过两个雨天两个雨夜
经过几只野鸭和一个挂在树梢的风筝

我们经过为数不多的时间
经过来不及说完的心里话

我们还经过雨后的河面
经过暗暗涌动的忧伤

我们不是经过而只是路过
就像晴天你路过我雨天我路过你

就像时间路过我们
我们再也不能路过

早　晨

很少有这样的早晨
屋子里只剩下我们两个人

他在对面敲打键盘
我对着一盆花发呆

这个早晨
我们不是夫妻不是朋友

我们只能
从这个早晨想起那些远去的早晨

多年前的春天
没有这样静谧的早晨

没有坐在对面
随风摇摆的我们

谁也不知道一个人可以是
另一个人的早晨

谁也不知道我们之间只差
一个早晨

夜　路

这样的夜晚有多少
两个人一起往回走

当周街空旷漫长
我突然有些担心

如果放慢脚步
身边低头走路的这个男人会不会靠近一些

一些星星在遥远的天边
而我始终不能认清楚

深冬的夜如此漫长
我不止一次想着怎样走回去

转过弯那个男人就到家了
风一刻都没有停一阵也没有减小

未见之人

那个我从未见过的人
用我的时光
我的牙齿
像细菌慢慢侵蚀我身体

他有时脚步匆匆走在我前面
有时悄无声息不知道什么时候到来
有时在夜半还不离开
有时发呆，傻笑
有时旁若无人轻轻啜泣

他在哪里
我找了多年从未找见
他盘踞在我体内
开花结果
种下春天

信

亲爱的某某
今天，前半天晴朗后半天小雨
这就是甘南
这就是我的一日也是我的一生
迎面是风暴过后是彩虹

晚风吹拂灰暗的小镇
街上行人稀少
月光淡淡落在草地上
我喜欢这样的夜晚
一面想着远方一面慢慢走路

走累了就回来
把路上的秘密写下来
现在，我坐下来
就是为了写好这封信
字迹更温柔心情更迫切
带几粒星星几片含着露水的草叶
在空气稀薄的甘南
这也算是一种幸福

他没跟我说一句话

他取下眼镜
把外套挂到衣柜里

拉开被子躺了下来
然后翻了翻床头的一本杂志又合上

他把灯关暗了一些
把身子翻向另一边

起来倒了杯水
又上了次卫生间

然后坐在床边
点燃一根烟抽了两口又将它熄灭

夜色更浓更重
他拉了拉被角

向里面挪了挪
冰凉的身子和粗重的呼吸

突然，他从身后抱住我轻轻抽泣
像个受了委屈的孩子

我身体里住着一群孩子

深夜的东二路
我多喝了两杯

远方皮肤白皙的男人
我该怎么跟他张口

我身体里住着一群孩子
和我同年同月同日生

夜深人静的时候
她们急切冲动

等我打开房门拧亮台灯
等我找一个好地方

深夜的东二路，没有她们
我将会是多么孤寂

快来和我生个小孩

春天来了
露水纯净，草木鲜嫩
请快来
以骏马的速度
飞奔而来

我早已在当周草原搭好了帐篷
燃起篝火煮好奶茶
我有爱笑的眼睛迷人的酒窝
婉转的歌声菩萨的心肠

我整天整夜坐在山坡上等你
绝望而忧伤
你来天就晴
你来花就开
你来我们就好好爱

请来请来
请来快快打开我
把我当成你的家
快点快点
赶紧赶紧
打开我打开春天的窗户

让风吹进来

请快来吧
快来坐在我的马背上
我们唱情歌到天亮
让柔软的皮鞭落在我的身上
星星一样的孩子落在草丛中

快来快来快来吧
月亮已经升起
不要犹豫不要徘徊
乘春光明媚
何不来我这里
何不和我生个小孩

雨　滴

突然就下雨了
从黄昏一直到夜半
我们肩并肩躺着

暖气早已停了
他冰冷的脚尖不时碰触到我
我们什么也不能做

雨在窗外
落在石头上草地上
雨落在他粗重的呼吸茂密的头发上

我们一动也没动
像两团要掉下来的雨滴
静静地悬挂在夜的半空

三月末

青草开始发芽
一个人在操场上

微微低头
经过小草和淡淡的春风

不远处的楼上
有人停下手中的刀

他不知道她想什么
她说什么他也听不见

青草慢慢发芽
他慢慢地走

她喜欢这样
每天做饭的时候

一抬头
就能看见还没绿透的小草和慢慢走着的他

犯　人

2014年1月19日下午
他要留下我一个人出门去

我拦住了他
他说：我又不是犯人

我说：你就是我的犯人
我的心就是你的监牢

我判你下半生寸步不离守着我
你要遵守监规牢记狱言

我要白天眨眼看见你
夜里伸手碰到你

我把我的一日三餐给你
我把我的一年四季给你

我把我滚烫的子宫给你
我把我柔软的青草给你

我把我给你
留在监牢里和你一起直到老死

从前多么好

当他拿着酒瓶
摇摇晃晃走过来时
我的左乳房像被棍子重重地击了一下
那棍子仿佛来自遥远的月球
沉闷而不知所措
他瞪着发红的双眼看我的时候
我的右乳房无数针尖
穿过血管、血液里的钙离子

我面前的这个人
他不爱我的乳房
常常让它们独自待在夜里
寂静无声冰凉刺骨的夜里
结块的乳房高高悬挂

从前多么好
乳房乖巧
羊羔一样跪卧在蓝色的天空下
我觉得这一辈子我都会爱他
为他献出我的乳房

房 间

我坐在死者一样沉默的房间里
左手抚摸着右手
潮湿的液体海浪般涌来
散发出草莓的味道
但是，没有人开门走进来
微笑着把苹果放在桌子上
称赞我烧的汤
那时他带我去山顶去湖边
我们一起燃烧一起失忆
我们不断飞出去
离开烟囱离开绳子
那滚烫的卵子轻轻一碰就掉了出来
那闪闪发光的一天
他像一架战斗机
慢慢落下来
直到湖水浸透他的四肢

水井深又凉

他离开后的几年里
我常常在半夜醒来
穿着睡衣从楼梯上下去
来到院子里
头顶的天很黑很空
院子里的井水很深很凉

我在水井边转几圈
又默默地回到楼上
坐在地上喝劣质白酒
直到躺倒在水泥地上

那时候，日子就是这样过去的
怕黑怕冷怕一个人
每次想忘记过去的时候
就想起楼下那口又黑又深的井
恨恨地看着我
那眼神就像我痛恨那时的生活一样

自行车

周末我回到家中
他骑上自行车
我们穿过当周街经过一排白杨树
他双手紧紧握稳把手
让开人群
我在后座
胸口装满了春天的风

那是一条漫长的路途
格河两岸青草茂盛野花烂漫
他把自行车抬到河对岸
然后蹲下来背我
从不感觉到累和难为情

后来
车链条与车链瓦不断摩擦
发出刺耳的声音
在一个陡坡前
他跳了下来
用石头砸断了车链条

雨开始落下来

只有我和孤单的自行车站在大路上
其实那声音并不讨厌也不难听
这么多年，我一直想跟他说

小 七

1

小七
我想从未谋面的你
写你不看的诗
唱你不听的歌
我在白天想晚上
怎么才能退回

我想了很多
不能说清
小七
我想把一个女人的美和全部
放在你这里

2

小七，小七，小七
我喜欢这样轻轻地低低地一遍遍叫你
这突然而至的温暖
在心口一团团散开
一阵劲风刮来
让我来不及遮挡

一场暴雨
瞬间把我淋湿
我该如何再去想你
写下这词不达意的小小想念

3

小七，我就想这样想着你
远远地，你看不到，听不见
河水一样冰凉
道路一样遥远
缓慢地，你无从察觉，无法触摸
露水那么重
草木那么深
我要一个人慢慢走过这样的日子
一日一日向你靠近

4

小七
这样多好
不去想你有几分田有几亩地
你家门前有几棵树有几条河
你有几匹肥马有几座草山
你有几座帐房有几个女人
不去想你漫长的一生里是否有我

春风吹开又碎又细的花
不紧不慢　想念
流出来
一寸寸把我淹没

这样多好
小七

5

广阔的天空
思念恣意飞翔
比天空稍低
比云层稍薄
和云朵一样洁白
与时光一样绵长
像病一样疼痛

6

躲开人群
我喜欢悄悄的一个人
不知不觉走向你
带上一盏灯
把沉重的夜晚
轻轻推向前

7

小七
我过着最简单的日子
自己种蔬菜，挖土豆
吃蜂蜜和核桃
在风中雨中
在树下溪边
我只需一捧泥土、一块麦田、几把茅草
一株幽兰、一壶花茶
风雨晦暝之时
片刻小憩
小憩之时
不忘想你

春天的第一场雪

突然下起了雪

正是黄昏
它们大片大片飞过头顶

它们飞来飞去
白色的翅膀白色的眼睛

从医院出来

黄昏，从医院出来
街上车来车往
没有一辆愿意带我回家
妈妈已经等着急了
不断打来电话

人群像蚂蚁
我不知道该往哪个方向
茫然地站在街上
我紧紧捏住手机
怕把妈妈丢在这密密麻麻的人群中

叶子轻轻落下来

过道里脸色黯淡的女人们
抱着空空的小腹
虚弱地靠在冰凉的椅子上
青春用完之后
一片失去水分的叶子轻轻落下来
身体里再没有上帝
风还在吹
她们不愿说出来
流水的声音花开的声音
她们依然温顺
安静地躺下来
将身体里所剩不多的阳光、呼吸、青草
——归还大地

你就要来了

夜深了
母亲说，睡吧，别再等了
而我始终觉得你就要来了

天空一天比一天晴朗
没有云彩没有风
也没有连绵的秋雨纠缠人

你来的时候我一定在
就像一只猫
定定地等人抱她走

抱着我你的病就好了

雨又来了
我只能把窗户关上
把毛衣穿上

这个秋天只剩下这些了
我希望你只有我这一个孩子
在这样的阴雨天
你搂我在怀里
你抱着我
你的关节就不肿了你的眼睛就不花了
你的心就不抖了你的手就不麻了

抱着我你所有的病就都好了

在风中看到你

从柏杨和松树的枝叶间
我看到了你
院子中的两床棉被
你又翻晒了一遍

此时，风吹着
山坡上一匹马和三只羊
草丛间秋蝉鸣叫
你来来回回的身影
我渐渐温暖的目光

风停不下
当我再次抬头
风吹散你
像一片云……

9月3日夜与外婆听洮州花儿

夜色渐渐加深
磁带里发黄的歌唱
模糊不清
她嘶哑的哼唱唤醒我

睡在身边的这个矮小的女人
她一生养育十个儿女
丈夫已经离开了八个年头
当秋天的黑霜洒满大地
她的被窝还有母亲一样的温暖

在我身边一个枕头的地方
她断断续续地歌唱
让我在黑暗中不觉流下了眼泪

无处可去

你选择在最冷的一天离开
好吧，春天已经不远
万物终会以另外一张面孔再现

窗外，寒风呼啸
雪粒割疼人的脸
气温骤降
已到零下二十七度

我真害怕
打坟的人回来说：
地冻得太硬
那时，你将像一粒雪花在空中飘啊飘

窗　外

他把我的行李放到车厢底部
看着我上了车
找好座位坐下来
我示意他回去
他点点头没有动

记不清我们这样分别多少次了
他每送我一次
我就觉得自己像个有罪的人

车子走了很远
我回头
他像一片叶子
孤零零被风吹

风不吹

他怕母亲生病
怕母亲先走
做饭他要喊母亲
睡觉他要喊母亲
上街他要喊母亲
刮风他要喊母亲
下雨他要喊母亲
打雷他要喊母亲

一辈子了
他喊母亲就来
他喊母亲就在
如果下一次他再喊
即使风不吹
母亲也会起不来

妈妈，下雪了

街上行人渐少
又是个冷清的夜晚
要是你在该多好，妈妈

窗外鹅毛大雪
小巷尽头，低矮的平房
昏黄的灯影，翻滚的壶水
火炉上热着的饭菜
你一圈一圈织毛衣
不厌其烦，直到夜色渐深
我假装熟睡
静静等你伏下身子轻轻吻我冻冰的脸庞

这样的时刻我等了很久，妈妈
比起严寒
我更害怕夜晚来临
比起下雪
我更害怕思念与日俱增

春天的第一场雪

出门的时候
突然下起了雪

正是黄昏
它们大片大片飞过头顶

我掏出电话和妈妈说话
它们落到我的肩膀、头发、围巾、鞋面上

它们飞来飞去
白色的翅膀白色的眼睛

到第二个十字路口
它们蒙住了我的双眼

我和妈妈的话还没有说完
这雪多像她两鬓的头发，细细，有些温热

我这样想着的时候
这句话便哽在喉咙

滚烫滚烫
我的眼睛突然也下起了鹅毛大雪

歌　声

她的胸口站着一个人
她的气管里住着一个人
晚上她的喉咙里
就有一个人大声地唱歌
就有一把钢锯来回拉着扯着

已经有好多年了
她喝沙棘汁、蚂蚁粉、猫头鹰熬的水
侧身睡，不敢翻身
那把锯子牢牢挂在她的喉咙里
那歌声依然没变

今夜，我和她又睡在了一张床上
半夜她起来给我盖被子
在我身上轻轻地拍

我翻过身子
假装熟睡
喉咙里又辣又涩
那锯子也来到了我的喉咙里
扯着拉着直到我的眼泪出来

隔壁房间

有时候我会去隔壁房间
在那扇大玻璃窗前站站
他桌子上的榕树长得很慢

他伏在桌子上写诗
那些句子常常让我难受
他的母亲已经离开他很多年
那层霜深深地落在他的眉毛上

他常常在傍晚一个人徒步来到屋后的山上
一望无际的田野让他感到心慌
母亲总在这个时候
像风一样吹过他卷曲的头发和黯淡的脸庞

我的母亲尚在人世
她的病还未见好
她正被大风一点点吹走
我的祈祷也不再起作用

窗外，秋已经很深了
我既不会写诗也不会爬山
母亲像一滴雨水
冰凉地噙在我的眼窝中

致祖母

除了秋天
还有什么值得怀念
除了你
我便不知什么叫秋天

时光已不是从前
你的青春
长成身后大片的庄稼
父亲带我们
一块又一块地咀嚼
与日子一起慢慢长大

岁月的四野上
我是农事之外小小的农夫
深深地热爱着土壤和庄稼
在田地的一隅
把你种植的青稞
嫁接在我那棵叫诗歌的枝桠上

写一首诗歌给外公

昨夜又梦见外公了
我打电话给外地的母亲
整整一个早晨
我们在一起怀念过去的时光
外公的点点滴滴散开在空气里
依然温暖着深秋的我们

他病了之后
我曾每周去给他洗脚和头发
但没有写一首诗歌给他
他没有抱怨过我
其他的亲人们也没有说我什么
这么多年
我写了几麻袋诗歌
写得越多越觉得不安

小雪过后是大雪

西风吹折柏杨
鸟兽隐于山林
我的叹息多么微不足道
无法再隐瞒这长久存于心间的忧愁

父亲，我还有多长时间可以做你的女儿
仿佛与时间赛跑的人是我不是你
我也一天天在老去
做梦的时间越来越少
感冒的次数越来越多

父亲，现在我还没有将你爱尽
请把你的手给我
不要说再见
在这空无一人的深冬之夜
没有人依靠没有人温暖
我生平第一次为你写下这样一首小小的诗歌
以女儿的身份、女人的身份
任性、埋怨或者眷念、牵挂
无论多么遥远

小雪过了就是大雪，父亲
如果这次你要离开，请不要再为我担忧
我会目送你像花瓣落入大地一样

他还没有醒来

父亲，像一片薄薄的树叶轻轻落下来
落在淡淡的晨曦里
落在医院洁白的床单上

墙外的枯草、树尖上掠过的风
与浓烟一起飘起的尘埃
慢慢飘逝
新年就要到了,这一年就这么结束了
我心里只剩下悔恨和惊慌

父亲，太阳再次出来之前
我祈愿能和你再次以父女相称
从此以后形影不离，静相安好
以活着为乐，不羡慕不嫉妒不留恋

雨夜，看父亲熟睡

微弱的灯光下
我看清了时光留下的痕迹：
他的面颊已不如从前饱满
他的嘴唇没有从前严密
他的眉毛不再浓黑粗硬

他褶皱的衣衫搭在床沿
像赶了长路的人
疲惫地坐下，再也没有力气起来
他的眼镜和茶杯整齐摆放在床头柜
他每天用高度数的镜片吃力地看
越来越难以接近的世界
用浓酽的茶水度过缺氧而干涩的夜晚

雨还没有停
顺着玻璃流下来
我静静地坐在窗户边看着父亲熟睡

杏花落了一地

妇产科主任长长的钳子
伸进母亲的子宫
挖掘机一样
呼啸着开进去
掏出落日的灰烬
往事的废墟
沙哑的歌声

长长的幽暗的走廊
多么孤独
杏花落了一地

父亲在角落里垂着头
他后悔不该总拿棍子打母亲
母亲怀着孕的时候
母亲来月经的时候

现在，那棍子年过花甲
得了前列腺
像父亲低垂的头颅
靠在黄昏来临之前的椅子上

信

1

星星消逝无踪
大地只剩一地残雪、败叶

我四处奔波
探听你的消息

爸爸，长路漫漫
我无法赶在你之前

积雪一样压在胸口的日日夜夜
有许多泪不敢流下来

2

这一年的每日每夜，每分每秒
想象你推门而来

肩膀没有风
头顶没有雪

你放下钥匙，换上鞋
去厨房看忙碌的母亲

最后，找到我
我们的眼神如那快要落尽的夕阳

3

这一年，你醉了几回
有没有结交新的酒友

咱们家的酒规从来传男不传女
我的酒量还未长进

我爱那些毒药
学着你的样子端起酒杯

可忧伤总是先溢出酒杯
比我还要沉醉

4

春联贴上了
窗花粘好了

门前的雪扫干净了
地窖里洋芋和蔬菜够吃一个冬季

我们在阳光下
静静地等待

说起你
时光回到了从前

我们眼角的泪
谁也不愿擦干

5

我的母亲，那个忧伤的女人
比我又矮了一截

她常常一个人出神，叹气
对着碟子和碗说话

她出门不带钥匙
炒菜忘记放盐

靠白色药片入眠
时刻准备与你见面

她的冬季已经来临
生活没有滋味

6

风吹动路边的野花
云朵翻过山梁

这样熟悉的夏日
这样适合对饮的日子

爸爸，爸爸
我轻轻叩响你的院门

四野寂静
只有我的心跳

爸爸，爸爸
我怕一转身与你撞个满怀

爸爸，爸爸
你看酒洒了一地

7

有时候，会忘记你不在
泡好茶，摆好碗筷
洗净双手端坐桌前

晚饭后我也去散步
走得比云朵还慢
街道、广场、田野
我总是很流连

忧伤的期待、钻心的疼痛

我一一经过
对面走来的人
我很想认错

我常常这样漫无目的地走着
常常被面前的一株野花、一块石头惊醒

8

我又多愁善感了，爸爸
没有人再宠着我

把门给我带上
我还坐在你自行车后座唱歌

穿过春天的田野
白球鞋印在雨后的路面

多少个夜晚我想去远方
在无人认识的小镇
孤寂地写信

天空蔚蓝，无边无际
看着大片云朵
我会忧伤

春天多么短暂
更多的雨季紧随其后

我像一朵蘑菇
一夜之间就长大了

9

膝下的雪
悲伤、冰凉

我来看你
借一株柏香，几张发黄的纸片

纸片转眼成灰烬
无声的大地多么凄凉

孩子追逐火团
忘记一场场寒冷的侵袭

雪多么白
像一双饱含泪水的眼睛

我们在大地深处
再也没有相见的机会

10

悄悄蒙上我的眼睛
林间辗转、冰凉的薄雾

低迷、痛楚
黄昏山坡上空荡的风

筑巢屋檐
羽毛掉落孤寂的小鸟

是你吗？
是你吗？
是你吗？

天空辽阔，大地寂寥
夕阳转瞬就落尽

11

爸爸，无数次想象这样的画面：

春日的早晨
和你听绿荫中清脆的鸟鸣

夏日的午后
陪你喝茶看云彩慢慢遮住天空

秋日的黄昏
一起闻妈妈从田野回来的味道

冬日的夜晚

烧旺你的炉火，拨亮你的灯盏

纸上的话旋即飘散风中
我就这样空想着
浪费掉那么多好时光

12

这个尘世
不值得你留恋，不值得你回来

爸爸
放下酒杯，熄了灯

穿上新衣，插上鲜花
我们一起去看新月升上来

13

如今，我是你留在人世的一滴眼泪
瘦弱而孤独

你是存在我心中的一段好时光
我不敢回望

疼痛没有眼泪
它伏在我的后背
随我再次远行

14

那些男人不值一提
他们耗尽我美好的青春时光

我独记着
雪夜里等过我的那一个

他让雪花燃烧
让夜晚绵长

他让我来不及准备
他让我跑到月亮上

他住在河的对岸
屋顶落着薄薄的白雪

我宁愿像一场燃烧的火
被他落雪的眼神熄灭

格河奔流不息
为他我写下小小情诗

我们在诗里相爱，成婚
直到生命中最后一场雪来到

15

爸爸
我向你坦言：

又是一年将尽时
我在途中遇见了他

我像是生了病
喜欢独坐，发呆，傻笑

走从来不走的街道
一圈又一圈

把写给他的新年祝福
藏在手机里

哦，爸爸
爱情是个折磨人的东西

它在我心里留下了伤痕
一想他我就骨头疼

16

爸爸，我想停下来
谁也不爱

你走了
谁来做我的后背

我东奔西走
仍在寻找

不断告别
仿佛每一刻都会成为最后

妈妈可以随便找个地方转身
可我不能

若你愿意
把我也藏在你那里吧

17

我们回不到那里了
你该出来陪陪我

乡愁太深
我们甚至看不清自己

寂寞太多
走着走着
我们就走进雾中

18

我的小老头
我有和你一样的胎记

一样的大鼻子、黄白的皮肤
风一吹就弯的身子和多余的眼泪

我的小老头
一顿吃半碗饭喝一碗酒

我的小老头
带我到这尘世多么不容易

你的酒我替你喝
你的疼我替你挨
我的小老头
如果你看见我就咳嗽一声

19

爸爸
春天来了

那个和我有过肌肤之亲的人
米到更多的花丛中

爱情和桃花无关

他在清晨回来，晚上离开

我日复一日
忍受半夜醒来的空

春天像一根刺卡在我的喉咙
让我无法翻身

20

爸爸
我又回到了这里

在伊兰斋吃盖面，在大坡桥吃杂碎
陌生的人不断在身边坐下又离开

我习惯了这样的离别
没有言语没有感伤

我不习惯的是
一回头看不到你
一回头，眼泪就忍不住流下来

21

爸爸，原谅我的口是心非
请你睁一只眼闭一只眼吧
我留他在心里只想做个伴

这个世界冰凉
我们时刻需要有个伴取暖
可是真正有几个人能拥有温暖呢

世尘如此繁华
我们终将一无所有
过去的就让它过去吧

若有来生
我愿做你的伴
不离不弃的伴

22

今年的雨真多
爸爸

我已经两天没有给你打电话了
你打电话给我

一定是想我了
你想我就是想家了

外面刚刚下过雨
你在电话那头

我在电话这头

走在同一条泥泞的路上

刚刚我们谁都没有说想念
放下电话

我心里的雨更大
如果此时

我说我也想你了
我怕那雨也会把你淹没

23

原谅我，爸爸
是我先爱上他的

我知道我这个年纪谈论爱情
多么不合时宜

收割已经结束
播种还为时过早

远处的地里只有我一个
我要把他和我一起埋进甘南的泥土里

他的早晨正午黄昏夜晚
永远和我在一起

思念已让我窒息
甘南的空气这样稀薄

请原谅我的愚蠢我的不小心
爸爸

我闭紧的嘴巴
在六月不小心就漏了气

24

爸爸，原谅我
你在我身边时
我的心早已飞向了他

就像不能没有你一样
我不能没有他
他是空气是我的呼吸

爸爸
你说的什么我一句也没有听清
我只知道这样想着他
让他走遍我的白天和黑夜

他在遥远的小城
就像我想着他一样
他想我白天天不黑，夜晚天不明

爸爸，亲爱的爸爸
请原谅我爱上远方的他
请让他来甘南和我过小日子吧

25

排卵疼是一种什么样的病
爸爸

长年的独居
使我常常忘记自己还是个女人
30多年来
我还没弄清楚自己的身体

哦，爸爸
这一次，不是小腹冰凉乳房肿胀

不是末梢神经炎不是软肋骨炎
它更像半夜醒来的空疼

B超不能照出它的病灶
西药中药不能消炎止痛

身体里有千万个小小的我
奔跑着喊着：爸爸，爸爸

这些奇怪的疼
不知道还要跟随我多久

这些小小的我
不知道还要多久才能找到爸爸

26

幸福树又长高了
发了新芽长了新叶

那些明亮的小小的手掌
擦拭一个又一个渐渐暗下来的黄昏

那些细小那些鲜嫩
让我颤抖恋恋不舍

我痛恨自己
不能全身长出幸福的叶子

我痛恨自己
我觉得让他在此时爱上我是种罪过

那些令人心疼的时光都浪费在我身上
让我感到羞愧

27

爸爸
今晚我多喝了两杯

浓浓夜色中
一个男人送我回去

滚烫的荷尔蒙
不断扑打我的耳膜

我已经好长时间没有
靠着一个男人的肩膀

闭上双眼含着泪水
像女人那样柔软

我身体里养着的那些病
整个夏天在发高烧说胡话

她们敲打我的肋骨
来回走动发出轻微的呼唤

我是不是醉了，爸爸
我是不是还得再等等再忍忍

28

爸爸
我想随那一地黄叶远去再也不回来

白露已过

心越寒凉

我再也不能得到他全部的爱
我再也不能，爸爸

我那颗小小的心碎了
请你原谅我，爸爸

我没有能力保护好它
我一次又一次地伤害它

我是多么不好，爸爸
我不配做你的女儿

原谅我，亲爱的爸爸
我要去远方，再也不会回来

那里寂静
我将得到梦想中的幸福

29

树叶落了
人也走了

悲伤的黄昏
天边升起了晚霞

爸爸，亲爱的爸爸
快来看看我快来看看我

我也要走了
再也不回来

爸爸爸爸，我最爱的爸爸
原谅我只留下痛苦和伤痕

爱情是绝境
让我无路可退

请原谅我，请原谅我
亲爱的爸爸

30

对不起，爸爸
你给我的心
你给我的眼睛
我却用它来荒废时间

时间是有限的爱
一刀一刀削我剩骨
风一吹我就碎了
爱也已经把我摧毁

天要黑了

我再也不能说爱
请你带一场秋雨
洗净我的罪过

31

爸爸，这个秋天真冷
我无处暖身

人们说的幸福是什么样的幸福
草尖上已结满了厚厚的冰霜

那冰冷到我牙根
让我害怕到颤抖
山上的青稞已收割干净
一年又过去了

我还在这里
等待天变暖和一些

32

爸爸
我坐在大雾的早晨
不能减轻一些痛苦

窗外的冷气不断渗进来
把我紧紧贴在地上

有没有一双温暖的手
陪我到天亮

冰冷的四壁彻骨的黑
我看不见真正的自己

什么都没有改变
我依旧穿着单薄的衣衫等在窗前

33

爸爸
我从大雾的早晨赶来
是为了见你最后一面

外面实在太冷了
我小小的身体再也挡不住那些刺骨的疼

你也不必再告诉我生活原来就是这样
冰霜过后花已衰败

从此后，你的酒我不能再替你喝
你的痛我不能再替你抚平

大雾还没有散
暴雨即将来临

亲爱的爸爸，我要走了
请在我走后再哭吧

34

爸爸
我进门的时候
你安静地睡在沙发上
像再也不醒来

我按住眼底的泪
静静坐在另一个沙发上
那些从来不曾对你说出口的话哽在喉咙

窗外的树叶开始落下来
天黑得越来越早
我静静地等你醒来

醒来喝杯子里的茶
戴坏了腿的眼镜看报纸
用假牙吃苹果

爸爸
我们在这世上时日已不多
很多事还没有答案
我一日一日问自己

直到没有力气

没有力气的时候
我是多么想像你这样睡一觉

35

爸爸
他的爱纯真世上难找
他纯净如眼泪美好如明天

他是这世上唯一能让我心安的人
他是春天是我不能躲过的命

他抚平我的孤单
每一天像太阳照在我头顶

我每天等待黎明守候日出
跑到他前面

爸爸
现在，我告诉你
他随遥远的秋天远去了

我不知道他什么时候回来
回来抱我

树叶一片一片落下来
我看着看着眼泪就流下来

天空冷清空白
谁也不能把我扶起来

36

爸爸
今年的雨水与去年一样多
一样的冰凉扑打脸庞

我想念的人多么遥远
当周街孤独而漫长

秋雨不能带来什么
我无声地咬着嘴皮向前走去

一场接一场的大雨茫然地下着
下得人头皮一阵阵发麻

37

爸爸，我累了疼了怕了
让我停下来缓一会儿吧

不需要依靠的肩膀
也不再有幻想的泪水

让我一个人成为我自己
让我一个人只属于我自己

广场上的金盏菊很早就开了
我要去看它们收起小小的忧伤

我要让满天大雨落在舌尖上
那比爱情还美好的味道

我要去爱当周草原的一匹骏马
和它们孤独的尾巴掠过的黄昏

最后，我要像爱他一样爱我自己
让我的心里只住着我自己

38

爸爸
五月里，有一个人在路边等我
墙角干枯的幸福树又发出新芽

我常常在夜半睁着双眼
听眼泪留下来

他每天穿过通钦街
握住我冰凉的手指

想起他我心情平静
没有想念的苦痛

我多想写信给远方的那个人
一场一场的大雨已让我厌倦

请将我遗忘
在这一场又一场的大雨中

39

爸爸
请宽恕我
还这样一日一日地想念他

他还在眼泪里
他还在叹息里

他贴在我心口
比你还要多

他是坏天气
他是金盏菊

也请你宽恕他
他偶尔也会想起我

我是晴天
我是好时光

在微笑里
在诗歌里

40

暮色将尽
我独自一人回到这里

擦桌子扫地
穿过幽暗走廊扔掉垃圾

灯光刺眼的明亮
我拖着麻木的双腿来回走动

四周一片寂静
静得耳膜发疼

我不知道这样是为了什么
夜晚像一大滴眼泪突然就落了下来

41

爸爸
我血压偏低
我牙齿发酸
我乳房肿胀
我心跳过慢

我一个人等秒针经过分针
我一个人用左手搀扶右手

我一个人是神是主
却万分艰难

42

爸爸
今天异常漫长
从椅子到桌子那边
我走了整整一天
我努力抬头迎向微弱的阳光
努力把悲伤咽下去

如果今天是我们相见的最后一面
从此后，我不再每日每夜挣扎苦痛
苍茫的大地将是我温暖的怀抱
我不再属于任何一个人

如果我这样也算活着并给你安慰
那么，我将独自面对越来越凉薄的长夜
哪怕只能站在原地